내 친구 김경택

샘문시선 1058
샘문뉴스 신춘문예 수상 기념시집
강성화 감성시집

이 친구의 인생은
앉아서 죽기를 기다리지 않을 만큼 일에
미쳐있습니다
미치지 않으면 늙는다는 말이 있듯이
같은 또래의 친구들 보다 젊어 보입니다
〈내 친구 이경화, 일부 인용〉

걸으면서 우리는
삶의 힘듦과 고독을 나눕니다
때로는 기쁨과 슬픔을 나눕니다
나의 영감은 물론 감성을 일깨워 줍니다
〈내 친구 장보윤, 일부 인용〉

섬 곳곳이 너의 일부가 되고
바다는 꿈꾸는 안내자 되어
삶에 최선을 다한 가장 아름다운 곳
거기가 언제나 너를 찾을 수 있는 곳이야
〈내 친구 최명구, 일부 인용〉

_____ 님께

_____ 년   월   일

_____ 드립니다.

도서출판 샘문

샘문뉴스 신춘문예 수상 기념시집

내 친구 김경택

강성화 제3시집

여는 글

 그 시리도록 가슴 아팠던 시간을 돌이켜보면 정녕 철없던 시절, 하지만 다시는 돌아오지 않은 시절이기도 했습니다.

 세월이 흐르고 어른이 되면서 알게 된 것들이 너무나 많았던 것을 그리고 사랑의 대가로 겪었던 아픔들도 이제는 다 알 것 같습니다. 그러면서 성숙해져 가는 나를 발견합니다.

 동행 없이 걷는다는 것은 고독한 일입니다.
고독해 보자고 시작한 즐거움이 세 번째 시집으로 이어졌습니다. 처음엔 꿈과 인생, 사랑을 노래하는, 꿈꾸는 시인이 되리라는 생각으로 펜을 잡고 시를 썼습니다.

 하지만 전혀 생각지 못한 늙지 않는 아이가 되는 것을 느끼며 삽니다. 기쁘고 즐겁고 행복합니다. 진흙탕 같은 현실 속에 얼어붙어 가는 나를 찾아준 친구들과 함께 나를 지지해준 내 사랑하는 문인, 친구, 지인, 독자님 모두에게 고마움과 감사를 전합니다.

2024. 11. 07.
잎새가 곱게 물든 가을에 대구 서재에서
시인 **강성화** 드림

샘문시선 1058

샘문뉴스 신춘문예 수상 기념시집

내 친구 김경택

강성화 제3시집

여는 글 / 4

제1부 : 소년의 꿈

내 삶의 유일한 소망 / 10
넌 장미 난 모모 / 11
나를 위한 기도 / 12
나를 위한 기도 2 / 14
마음의 흔들림 / 15
점프 / 16
그냥 내버려 둬 / 17
질풍노도 / 19
머피의 법칙 / 20
소년의 꿈 / 21
내 친구 김경택 / 22
내 친구 오연수 / 23
내 친구 이경화 / 24
내 친구 최명구 / 26
내 친구 장보윤 / 28
쉼 / 29
완벽한 자유 / 30
어린 어른 / 32
자랑스러운 DNA / 33
인생 여정 / 34

제2부 : 바다와 산은 잠들지 않는다

신록 예찬 / 36
고요 정적 침묵 / 37
그리운 내 아버지 내 어머니 / 38
그대에게는 불행 나에게는 행복 / 39
길 / 40
꿈에서 만나요 / 42
내가 사는 동네 / 44
기도와 사랑은 국경이 없다 / 46
내 마음이 알아 / 47
담담한 사랑 / 48
바다와 산은 잠들지 않는다 / 49
빗소리 / 50
상사화 / 51
어머니 떠난 일 년 후 / 52
어머니의 마지막 여름 / 53
여름이었다 / 54
가을 서정 / 56
몰아沒我 / 57
자아自我 / 58
인연의 그림자 / 60

제3부 : 동화같은 사랑

사랑하다 / 62
별은 사랑과 이별을 남긴다 / 63
봄날은 간다 / 64
봄비와 꿈과 커피 / 65
꿈을 이루는 봄바람 / 66
나는 봄에 서 있다 / 67
풋풋한 봄 거리 / 68
달맞이꽃 / 70
동화 같은 사랑 / 71
행복 / 72
사랑이 필요한 이유 / 74
사랑하고 싶었습니다 / 76
생각보다 많이 / 77
이별이 오기 전에 / 78
정情 / 79
정거장 / 80
해바라기 / 82
해코스타 / 83
기억할 것은 / 84
슬픔이 그대 곁에 머문다면 / 85
작은 기다림 / 86

제4부 : 시를 쓴다는 건

글 중독자 / 88
글 / 89
시를 쓴다는 건 / 90
한용운 연가 / 91
꿈은 법칙이 없다 / 92
두 개의 태양과 두 개의 달 / 94
수줍은 고백 / 96
제주도 갈매기의 미소 / 98
추억은 산이 되고 강이 되고 바다가 되어 / 99
평범한 것에 감사 / 100
평화 자유 유산 / 102
산고의 고통 / 104
친구의 선물 / 105
평안의 자유 / 106
다시 겨울 그리고 승리자 / 107
열쇠전망대 / 108
보라! 임진강 센 물결 / 110
인류의 역사 / 112
꿈꾸는 역사 / 113

제1부
소년의 꿈

내 삶의 유일한 소망

우리는 대단한 삶을 위해 기도하지 않아요
그저 이 땅 위에서 살아가기 위해 기도합니다

내가 옳다고 믿는 것 보다
하나님께 죄짓지 않기 위해 기도하기를 원합니다

자기에게 이익이 되는 것을 바라는 것보다
하늘나라 소망을 두고 기도하기를 원합니다

믿음의 사람들은 항상 그것을 바라고
그것을 위해 끊임없이 기도합니다

아무것도 이루지 못할지라도
나와 여러분을 마음에 품으신 하나님을 위해서
부단히 노력해야 할 것입니다

믿음으로 누릴 삶을
우리가 지킬 수 있기를 소망합니다

넌 장미 난 모모

꽃들 속에
가장 아름답고 찬란한
한 송이 장미꽃
이제 나는 아름다운 꽃이야
나는 너의 화색을 좋아하는 호랑나비야
나는 너의 향기를 좋아하는 여왕벌이야
나는 너에게 손짓을 하는 모모야

향기로운 오월의 장미여
멀리 손짓하는 수백의 나를 볼 수 있어
너를 사랑하고 그리워하는 소망
너를 소유하고 싶은 간절한 열망
내 꿈을 가꾸고 키우는 나의 꽃이라
너의 이름으로
난 고백하고 싶은 모모일 뿐이야

*****
모모 : 아무아무, 여러 사람

나를 위한 기도

수없이 많은 별의 이름을 기억하시는 하나님
두 손 들어 당신을 사모하며 찬양합니다
이 땅에서 하나님께서 주신
나그네 인생으로 살아가면서
생각하지 못한 어려움이 닥칠 때,
나도 모르게 두려움에 휩싸일 때가 있습니다

삶이 힘들고 어려울 때
좌절하지 않게 하여 주시옵소서
고난을 통해 정신을 똑바로 차리게 하시고
저를 온전하게 단련시키시는
하나님의 손길이 필요합니다

저는 십자가를 두려워한 적이 있었습니다
십자가 앞에 무릎 꿇으며
죄에 대한, 절박함을 고백하게 하시고
눈물은 우리를 회복시키고 새롭게 합니다
주님의 흘리신 십자가의 보혈로 저를 회복시키시고 깨끗하게 하소서

세상에서 신뢰받지 못했던 날들
좌절하고 낙심하고 포기하고 싶었던 순간들

언제가 될지는 모르나
저의 그 약함을 강함으로 바꾸실 주님을
놓지는 않겠습니다
날마다 아버지를 부르짖는
저의 입술이 되게 하소서

하나님께서는 아무것이 아닌
저를 당신의 강함으로 채워주시고
당신의 말씀들이 내 몸의 심장이 되어
살아가는 힘이 되게 하소서

내 십자가 지신
당신께 저의 마음 전합니다

나를 위한 기도 2

나를 보고 울어야 하는데
아무리 울어보려 해도 눈물이 나오지 않아요
내 영혼을 내어놓아야 하는데
아무리 생각해도 한없이 부끄러워 숨기네요
내 죄를 고백해야 하는데
아무리 눈을 떠도 십자가가 보이지 않아요
주님의 은혜를 구해야 하는데
아무리 애써 봐도 사모함을 잃어버려요
주님을 찬양해야 하는데
아무리 입을 떼도 목소리가 나오지 않아요

오 주님!
주님을 향한 저의 영혼을 회복시키시고
눈물로 죄를 고백하고 십자가에 무릎 꿇게 하시고
은혜를 사모함과 찬양을 회복시켜 주시옵소서
저를 위해 지신 십자가를 내 십자가로 고백하며
십자가의 눈물을 회복시켜 주시옵소서
약한 믿음 일지라도
저의 기도를 기억하여 주시옵소서

마음의 흔들림

세상에 맞춰진 나의 삶
당연하다고 생각했어,

화가 나면 화를 내고
슬프면 울고
기쁜 일이 생기면
소리 내 웃고

전혀 이상한 일이 아니니까

내 마음의 길을 걷고 있는 것이
중요하다고 생각한다

그렇게 자유롭게 살고 싶다

점프

다시 태어난다고 상상해봐
똑같은 내가 되었을까? 다른 내가 되었을까?
목소리도 얼굴도 마음도 내가 해왔던 그 모습일까?

멋진 세상에 난 이제 막 태어났어요
태양을 바라보는 것보다
숨을 먼저 천천히 쉬었어요
그리고 멋진 날에 눈을 떴어요

내가 오늘 해야 할 일은 즐겁게 살아보는 거예요
마음의 평화를 찾는 여행을 떠나는 거예요
마음이 끌리는 친구를 만나
외톨이가 되지 않았어요
둘은 함께 여행을 떠날 거예요

무엇이 옳은지 그른지 빛을 밝혀 주지 않더라도
달을 바라보고 점프를 해 볼 거예요
별까지 닿을 수 있게

그냥 내버려 둬

글을 쓸 때면 내 존재를 잊는다
잊는다는 것보다는
내 안에 나와 마주한다
새벽 두 시,
모든 것들이 잠들어 있는 시간
나와 내가 잠들지 않는 꿈을 꾼다

내 생각들을 머릿속에 담고만 있어도
마주한 내가 보란 듯이 가슴으로 느껴
살아있는 그림으로 펼쳐 놓는다
내 생각으로 아름다운 꽃을 피우면
마주한 내가 보란 듯이 바람을 일으켜
꽃향기를 온몸에 휘감아 놓는다

눈을 감고 명상을 하듯
내가 가지고 있는 모든 심상과 감각
자연에 맡기고 사물에 맡기고
세상에 맡기고 신께 맡기고
내가 나를 사랑하는 어둠 속에 빛

밤이 길면 꿈도 길다고 했던가?
나와 내가 존재의 경계가 허물어져
둘일 수도 셋일 수도 있는 나
새벽 두 시,
잠들지 않는 꿈의 시간을 이어가리
나와 나
우리를 그냥 내버려 둬

질풍노도

돌이켜보면 철없던 시절
다시 돌아오지 않을 시간
세월이 흐르고 어른이 되어도
인생에는 맑은 날만 있지 않고
바람 불고 궂은날도 있어요

바람이 불면
바람 소리를 들어봐요
소리 없이 부는 바람이
세지고 휘몰아치고
점점 거칠게 불어옵니다

천둥을 보며 태풍을 보아도
무덥던 여름 기억 속에
날려버릴 바람으로 여겨요
인생의 험난함은 우리에게
인내와 담대함을 가져다줘요

우리 인생에 있어서
밝음과 어두움, 다양한 색깔로
삶의 길을 걸어가다 보면
질풍노도의 힘겨운 시간이
인사 없이 떠날 거예요

머피의 법칙

젊은이여
밤하늘에 떠 있는 달빛에
꿈꾸는 모든 것들이 사라지고
그대들 숨소리마저 가늘어져
보이지 않는 어두움과 새벽이슬에
소리치며 저항하세요
분노하며 일어서세요

젊은이여
머피의 법칙은 세상에 난무하고
손을 들어 절규하는 그대들 언어
좁고 어두운 길이 덮쳐 버리고
순수함을 잃게 한 세상 구조에
슬퍼하며 저항하세요
분노하며 일어서세요

세상이 만든 어두운 밤
순순히 받아들이지 말아요

소년의 꿈

소년아
꿈꾸는 소년아
잠이 들면 지워질까?
하얀 종이에 적어둔 꿈
달빛 향기 가득 꿈속 여행
별빛 자전거 올라타
소녀를 만나는 소년의 꿈
꿈처럼 이루어 가기를
별들도 꿈을 꾼다

*****
동화의 소울메이트 중에서 인용

내 친구 김경택

동화책 어디쯤엔
너의 이야기 같은 것이 한 번쯤 있을 것이다
어쩌면 동화같이 살고 있다고 생각해도 된다

평일에는 차갑고 삭막한 도시 속에서
주말에는 자연인으로 살아가는 모습
그때는 어쩌면
더 드라마틱 해도 되는지도 모른다

온갖 곤충들의 울림과
새들의 지저귀는 소리는
너만을 위해 합주를 할 것이며
토끼 다람쥐 야생 동물들의
눈인사를 받으며
너와 소통하며 아우르게 될 것이다

수많은 별빛이 너의 등불이 되어
잡을 수 없는 바람으로 살아가고
자연에 묻어가며 흐르는 세월을 살아가기를
갈망하는 친구여

'가끔은 그곳으로 불러주게나'

내 친구 오연수

이 친구는 말이죠

속을 터놓을 수 있는 친구입니다
미소가 귀여움이 있는 친구입니다
하지만 나와 자주 다투기도 합니다

내가 짜증이 났을 때 짜증을 다 받아줍니다
내가 화를 낼 때도 다 참아주는 친구입니다
나에게 화를 낼 때는 예쁘기도 한 친구입니다

좋을 때 힘들 때 찾아지는 사람이라 여겨집니다
함께하는 시간만큼 더 좋아지는 사람입니다
순수한 마음을 신뢰할 만한 사람이기도 합니다

오래오래 보자며 내 옆에 다가오는 친구입니다
직업이 간호사여서 나의 건강을 많이 생각해 줍니다
이런 친구가 내 옆에 있어 행복합니다

'고맙다 연수야'

내 친구 이경화

이 친구는 말이죠

초등학교 동창입니다
아주 오래된 친구입니다
하지만 진부한 서두가 없습니다
같은 삶의 방식과 규칙을 따르는 날이 많습니다
약하고 온화한 성격이지만 활력이 넘칩니다

이 친구의 인생은
앉아서 죽기를 기다리지 않을 만큼 일에
미쳐있습니다
미치지 않으면 늙는다는 말이 있듯이
같은 또래의 친구들보다 젊어 보입니다

자신이 한 일을 후회하지도 않습니다
그래서 인생에서는
긍정적이고 낙관적인 친구입니다
일에 대해서는 심하게 완벽주의인 것은 좋은데
휴식에서는 자기조절 능력이 떨어집니다

섬섬옥수纖纖玉手의 작고 가냘픈 몸매여서
옆에서 보면 안쓰러워 보입니다

또 다른 내 친구 중의 한 명은
같은 동성이면서도 이 친구를
여성 여성 하다며 아주 예뻐합니다

무엇보다 나의 삶을 응원 해주고
지지해주는 친구입니다
이 친구와 오래도록 즐겁게 지내며
살았으면 좋겠습니다

'그러자 친구야'

내 친구 최명구

여우 같은 각시와
토끼 같은 새끼들이 있어
살아온 과거를 잘 버텨왔고
미래까지도 잘 버틸 수 있는 친구

열정적으로 일하는 모습 좋아
낭만을 즐길 줄 아는 모습 좋아
꿈과 인생을 노래하는 모습 좋아
때론 바다를 사랑하는 모습 좋아

제주도 사투리로 말할 때는
낯설기도 하지만 행복해 보여 다행이야
살아온 날들이 그것이면 되지 않았을까?
지금까지 달려왔으니 참, 잘했어

섬 곳곳이 너의 일부가 되고
바다는 꿈꾸는 안내자 되어
삶에 최선을 다한 가장 아름다운 곳
거기가 언제나 너를 찾을 수 있는 곳이야

내가 너에게 고백했었지
넌 나의 우상이라고
예전에도 그랬고, 지금도 그래

'비행기 타고
자넬 만나러 가는 날을 기다려진다네'

내 친구 장보윤

길이 있습니다
내가 걸어가야 할 길입니다
유니도 가끔 그 길을 걸어갑니다

오늘은 같은 길을 걸었습니다
유니가 내미는 손을 잡고 걸었습니다
그 길 중간쯤에서 우린
다른 길을 걸어야 하는 것도 알고 있습니다

걸으면서 우리는
삶의 힘듦과 고독을 나눕니다
때로는 기쁨과 슬픔을 나눕니다
나의 영감은 물론 감성을 일깨워 줍니다

유니는 내가 걷는 길에
손잡아 주는 행복한 나의 뮤즈
그대들 걸어가는 길에도 유니가 있겠지요?
그대들도 나처럼 행복하셔야 합니다

쉼

치유 평온 따스함
그 무엇으로부터 무방비다

가면은 없다 발가벗은 온전함
그것으로 충분하니까

알 수 없는 미래 과거는 잊어라
내일 일은 모른다

어제보다 빛나는 지금
가장 젊은 그대의 시간

당신의 자유로운 쉼

완벽한 자유

우리들의 생은
부모와 형제, 내 가족을 지키며
나라를 지키며 인류의 발전을 위해
땅에서 하늘을 사는 삶이어야 한다

신이 선물한 위대한 지성을
잃어버린 방황하는 자들이여
우리들의 높은 지성은
무엇을 얻기 위해 안내를 하는가?

비극과 슬픔만 남기는 늪
그곳에서 잠자는 지성을 깨워라
무엇이 선이고 무엇이 악인지 모르는
전쟁의 늪 죽음이 가득하지 않은가?

돌아갈 곳이 없는 집
기다리는 사람이 없다는 슬픔
사랑마저 묻어 버리는 어둠의 늪
전쟁은 모든 사람을 이렇게 만든다

잃어버린 지성을 찾아
우리가 사랑해야 하는
평화의 도구로 사용되어야 하고
죽음의 포식자인
전쟁의 도구로 남용하지 말아야 할 것이다

전쟁의 늪에서 빠져나와 아름다운 자연으로
신의 땅을 바라보며 누리는 평화만이
나무에 기대어 사랑의 입맞춤을 하며
완벽한 자유를 누리리라

어린 어른

초등 친구들을 만나면 초등학생 때의 기억
대학 친구들을 만나면 대학생 때의 기억에 있다

하루하루가 쌓이다 보면
어느새 일 년이라는 시간이 지나고
내 나이 벌써 오십 초반에 이르렀다

좋았든 싫었든 과거 또한 나의 일부분이니
과거를 잊으려 한다고 사라지는 게 아니더란 말이지

세월이 지나도 그 기억은 뚜렷하게 남아있음을
우리네 삶의 목적이 무엇인가?

나는 지금도…
여전히 어린 어른이다

자랑스러운 DNA

사무치도록 떨었던 긴 세월
백두에서 한라까지 빼앗긴 하늘
우리 땅에서 우리가 원하는 것
자유롭게 살고 싶은 욕망

하늘 향해 두 손 들고
태극기 흔들며 만세를 외치셨지
봄이 오는 것을
그 무엇도 막을 수 없듯이

대한독립의 간절한 걸음
칼에 잘리고 가슴에 총을 맞아도
그들의 걸음을 막을 수 없었어,
그 누구도 막을 수 없었음이요

자랑스러운 DNA가 흐르는 후손들이여
희망의 봄이 우리 곁에 오는 것을
그 누구도 그 무엇도 막을 수 없으니
그대들의 꿈 꾸고 원하는 길을 걸어라

인생 여정

한 점 두 점
바람은 나를 스쳐 지나가며
민들레 홀씨 구름까지 흩날리고

한 조각 두 조각
구름 세 조각 동쪽에서 밀려와
서쪽 하늘의 태양을 가리 웁니다

한 방울 두 방울
떨어지는 내 눈물 하늘에서 알고
가냘픈 비를 가슴에 적셔 줍니다

이 생각 저 생각
불현듯 떠오르는 온갖 생각들도
비둘기 날갯짓으로 날려버리고

이 꿈 저 꿈
내 모든 것을 견디게 하는 꿈들로
희망의 오늘, 희망의 봄날을 살아

한 걸음 두 걸음
내 발걸음 어디로 향할지 몰라도
걸음걸음마다 의미를 담아 봅니다

제 2 부

바다와 산은 잠들지 않는다

신록 예찬

신록의 자연풍경을 보고 있노라면
이런 생각에 잠긴다
풍경을 이해하려면
나는 풍경이 되어야 하고
풍경은 내가 되어야 한다

하나님께서 창조하신 모든 생명체가 그렇듯
이 세상에서 가장 아름다운 것을 동경하고
야생의 자연적 과정의 일부가 되는 것만으로
언제나 충분했어
너무나 기쁘지 아니한가?

고요 정적 침묵

가끔은 한밤중에 잠 못 들 때면
서랍을 청소하듯 뒤 적 그려보고
아끼던 물건들을 분류하기도 하고
내 머릿속 생각과도 같은 서랍 속

버릴 것들이 많은데 망설여 버리지 못한 것들
분류된 기억의 조각들을 정리한 뒤
머릿속의 작은 서랍들 안에 나누어 담았다
글을 쓸 때 그것들을 서랍에서 꺼내기만 하면 돼

정情이 가면 정이 가는 대로
뜻意이 가고자 하면 뜻이 가고자 하는 대로
물이 흐르듯 흘러가는 대로 펜을 잡으면 그뿐
그렇게 잡다한 머릿속에서 흐릿한 달빛이 스며든다

그리운 내 아버지 내 어머니

부드러운 눈길로 날 바라보던 당신들
'엄마 해봐, 엄마' '아빠 해봐, 아빠'
그 멜로디 같은 한 마디가
나를 향한 당신들의 하모니였었죠

하나둘 걸음마를 가르쳤던 당신들
'옳지 잘한다. 내 새끼'
그 멜로디 같은 한 마디가
나를 향한 당신들의 교향곡이었죠

그런 당신들은 어디 있나요.
들판에 피는 꽃이 되셨나요.
하늘에 빛나는 별이 되셨나요.
내 곁에 머무는 바람이 되셨나요

당신들과 함께했던
수많은 기억이 스쳐 지나갑니다
무더운 이 여름에
얼어 붙어가는 날 불러주세요

그리운 날에
당신들의 하모니가 들리고
당신들의 교향곡이 울려 퍼지는
그 집에 찾아가 내 마음 녹이렵니다

그대에게는 불행 나에게는 행복

서산西山으로 지는 해 같이 사라진 그대여
가깝지도, 멀지도 않은 우리는
노래 제목처럼 사랑과 우정 사이인가 보오

나는 그대의 주위를 매일 맴돌고
그대는 나를 멍하니 바라보고만 있으니
지금은 무슨 생각을 하고 있을까

이름 없는 꽃이 되어 웃음 짓고 있으면
그 꽃을 향해, 한 마리 나비 되어
그대에게 날아가 그 웃음을 훔쳐 오리라

그것이 나의 운명이라면
그대는 불행이요
내게는 행복이니까

길

그대 가야 할 길
그대 가야 할 땅

그 길에 기억하는 나, 있어
그 땅에 기억하는 하늘, 있어

더 멀리
내 곁을 떠나지 마세요

내가 가야 할 길
내가 가야 할 땅

그 길에 기다리는 그대, 있어
그 땅에 기다리는 하늘, 있어

더 가까이
내 곁에 머물러 주세요

그대와 나 그 길을 걷고 있으니
그 길 끝에서 만날 수 있으리라

꿈에서 만나요

빗소리가
전煎 굽는 소리와
똑같이 들리는 비 내리는 가을밤
오랜만에 참으로 오랜만에
사랑스러운 꿈을 꾸었다
비가 내린다

그날도 오늘처럼 비가 내렸어
빗속을 걸으며 방황하던 내게
등 뒤에서 그녀가 조용히 숨을 내뱉을 때면
힘들었던 일상이 깨끗하게 환기되어
마음속 굳어버린 응어리가 바람처럼 사라지고
서로에게 스며들며 외로움에 맞서게 되었지

비 맞은 나뭇잎처럼 떨면서도
서로의 입술이 포개지며
따뜻하고 감미로운 행복감이
두 사람의 몸에 가득히 채워지니
사랑을 느끼면
가을로 가는 계절이 청춘의 봄이 된다는 것을

나도, 그녀도 생각했을까?
우린 그때 같이 숨통을 텄다

모든 만남은 운명이라 생각했지만
잠에서 깬 지금의 과거는
기억마저 지울 수 있는 것이 아니다
그녀 뒤에 비치는 얼굴엔 눈물이 흐르고 있었던 것을
세월이 지나도 잊지 못할 거라고
아직도 그녀 가슴 어딘가에
내 자리가 있었으면 좋겠다

지금은 하염없이 빗줄기만 퍼부어 내릴 뿐…

내가 사는 동네

장마가 이어지는 하루의 오후
구름 속에 만들어진 물웅덩이가 말라가는지
내리는 비가 잠시 그친다

잿빛 구름 속의 하늘 밑으로
운무로 가득한 산 중턱의 풍경을 보며
어린 시절부터 걸었던 저수지 둑길
어린 어른이 된 지금도 걷고 있다

앞서 걷는 사람들을 쳐다보며
가늘게 흩날리는 이슬비로
우산을 펼쳐 들고 산책하는 사람들
우산을 접어 들고 산책하는 사람들

내가 자란 동네의
선명한 기억의 풍경화요
내가 사는 동네의
고즈넉한 오후의 수채화요

기도와 사랑은 국경이 없다

바람이 불고 태풍이 온다
비가 내리고 폭풍우가 휘몰아친다
기침하며 전염된 사람이 많다
병원을 찾아도 침상이 없다

땅이 갈라지고 집이 무너진다
땅속에 갇혀 숨을 쉴 수가 없다
포탄이 떨어지며 전쟁이 일어났다
생명을 위협받고 목숨을 잃는다

피할 수 없는 재앙과 재난
피할 수 있는 전쟁의 비극

땅속에 흐르는 물은 국경이 없듯이
기도와 사랑으로 국경을 넘고 넘어
이 땅에 살아가는 모든 사람을 돕자

내 마음이 알아

십자가를 바라보면 나의 죄가 보이네
그건 분명 좋은 일이겠지
내 마음이 알아
당신의 용서가 필요한 시간을
기다리는 중이에요
오 주여
이런 나를 구원 해 주세요
오 주여
이런 나를 치유 해 주세요

십자가를 바라보면 사랑이 보이네
그건 분명 좋은 일이겠지
내 마음이 알아
당신의 사랑이 밀려올 시간을
기다리는 중이에요
오 주여
당신을 찾을 수 있게 해주세요
오 주여
당신의 사랑을 느끼게 해주세요

당신의 사랑 없이는
아무것도 할 수 없음을 고백합니다
당신의 사랑으로 나를 새롭게 하소서

담담한 사랑

때를 놓치면
할 수 없는 말도 있습니다
때를 놓쳐
후회하는 일이 생기기도 합니다

후회가 되지 않게
말을 아끼지 않으렵니다
좋아한다는 말
사랑한다는 말

마음의 공간 속에서
바람이 붑니다
더 세게 붑니다
태풍이 몰아칩니다

바다와 산은 잠들지 않는다

바다는 잠들지 않는다
바닷속에 물고기는 잠을 잔다
물고기는 파도 때문에 잠을 깨고

잠들지 않는 바다는
우리의 힐링이 되고 고향이 되어
그대 마음속 에메랄드 세상

산은 잠들지 않는다
산속에 나무는 잠을 잔다
나무는 봄바람 때문에 잠을 깨고

잠들지 않는 산은
우리의 힐링이 되고 고향이 되어
그대를 빛내줄 청춘의 세상

빗소리

창문 밖으로 보이는 풍경
노래 제목처럼
비 오는 날의 수채화다
미술관에 걸린
그림을 바라보는 관람객처럼
마음이 고요해진다

쏴아아~ 빗소리가 들린다
바람이 지나갈 때
창문에 부딪히는 빗소리가
쏴아아~ 툭툭, 쏴아아~ 툭툭
빗소리가 음악이 되어
마음을 편안하게 다독여준다

상사화

어느 해 여름날
이룰 수 없는 사랑을 한 지난 세월 때문에
너와 같은 모습으로 나의 가슴에 생채기가 나듯
너를 보고 온몸의 전율과 함께 가슴이 아리었었어

이 여름
자줏빛 옷을 입은 너를 다시 마주하니
불길처럼 타오르기를 주저하지 않는
너의 모습에 사로잡혀 잠시 넋을 잃고 있었네

다시 올 여름날
뜨거운 너의 사랑을 닮아 내 심장이 다시 뛰고
한 남자 사랑의 갈망에 대한 단순한 이야기 전부를
너와 또 마주했을 때
무슨 말이 든다, 할 것 같다

어머니 떠난 일 년 후

당신이 있었기에
내 삶의 목소리를 따라 살았었고
내 가슴의 울림을 따라 살았었죠
하지만 문득 가슴 한쪽 슬픔의 응어리가 집니다
당신으로 채워졌던 내 몸과 마음
이젠 비워지는 것을 아시나요?

당신이 있었기에
내 삶에 아름다운 꽃도 피울 수 있었고
내 삶에 아름다운 도전을 할 수 있었죠
하지만 당신은 떠나가 버렸습니다
당신이 만들어 놓은 내 몸과 마음
메말라 가는 것을 아시나요?

땀 냄새가 바람에 날아가는 이 여름
당신과의 하루가 일 년이
아니, 우리가 함께한 나날들이
그저 소중한 사랑으로 스쳐 갑니다

어머니의 마지막 여름

태양의 열기가 강렬한 칠월
당신의 힘없이 떨어뜨린 팔을 붙잡고
감은 눈이 뜨길 절박한 내 소망
너무나도 절실한 목소리로
한번 불러 보고 두 번 세 번 불러 보아도
생기가 사라지고 고통이 없는 침묵
나의 가슴을 어둡게만 만들고 있었습니다

자상하신 어머니의 품은 천국
그 천국을 잃어버려
내 몸은 빈껍데기처럼 암흑만 헤매고
내 눈에 흐르는 눈물
당신은 볼 수 없었어요
내 가슴에 어두운 슬픔
당신은 느낄 수 없었어요

당신이 걸어가신 길
그 길을 걷고 또 걸으면
언젠가는 당신을 볼 수 있겠지요
자상하신 어머니,
나의 삶이 다하고 하나님께서 불러주시는 그때
천국에서 만나요
그때는 우린 영원히 헤어지지 않을 거예요

여름이었다

우주 곳곳에는 시간이 정제된 것처럼 보인다
하지만 별 무리의 규칙 없는 자유로움은 부럽다
저 별들이 내게 쏟아진다면 피할 수 있을까?
별이 다 쏟아진 텅 빈 우주를 보며 살 수 있을까?
나는 엉뚱한 상상을 해본다

수많은 별 없이는 우주가 아니듯이
우리네 삶도 마찬가지라고 생각한다
사랑 없이 살아가는 삶이 쉬울 것 같지만
굉장히 어렵고 힘이 드는 것이다
함께하는 사랑도, 혼자 하는 사랑도.

그대를 알게 된 비의 계절인 여름밤
별빛이 가득 담긴 눈빛
촉촉한 입술
그대의 모든 것이 내 심장을 자극하고
뜨거운 흥분이 영혼의 혈관을 타고 치달렸지!

참을 수 없을 만큼 그대를 느끼고 싶어
나는 그저 그대에 대해 알고 싶은 것 뿐이야
그래서 그대에게 더 다가갈래
내가 들어준 것처럼 그대도 나의 이야기를 들어줘
나의 마음이 말하는 것을 그대는 귀로 들었을까?

서로에게 마음의 문이 열린다면 더 좋겠지만
누군가를 사랑할 수 있다는 소중함을 아는 것보다
누군가를 사랑한단 건 이렇게 괴로운 거야
텅 비워버린 가슴에 외로움만이 남아있는 것을
어찌하면 좋을까요?

가을 서정

아름드리나무 울긋불긋
그녀들의 얼굴에 홍조를 보이고
그 옆을 걸으면
가슴이 콩콩 설렘이 가득하고

햇살을 받으며 미소를 보내주는
단풍들
애인처럼 살포시 안고 싶어지고
떠나갈 사랑에 아쉬워 사진으로 남겨

사랑하는 사람을 쳐다보았을 때
그 사람의 얼굴에 미소가 가득하여
나에게 되돌아오는 달콤한 시선이
물보라처럼 자욱하게 스며들어

모두가 나를 잊어도 가을은
외로움에 맞서는 나를 지켜주는
이 계절의 마지막 사랑

몰아 沒我

햇살 좋은 가을날
떨어진 나뭇잎 위에 누워
가을이 다 가고 겨울을 근심하며

인적 없는 숲속 상념에 깊어지고
머리를 돌려 풍광을 담아내다가
미지의 세계로 빠져 몸에 전율이 흘러

어느 순간 하늘과 땅 사이
혼자만 남아있는 것 같은 기분
계절이 준 선물을 어찌 잊으랴

바람과 구름이 마법을 부리더니
사방에서 내 주위를 휘감아 돌고
나뭇잎 양탄자에 올라탄 쾌락은

바람처럼 구름처럼 자유롭게
홀연히 상상의 체험을 만나
세상의 구속에 벗어난 자유이리라

자아 自我

마음속에는 습지가 자리 잡고 있다
또 하나의 나
자아다
습지는 여러 개의 늪이다
자아 또한 여러 개의 마음 공간이다

마음 공간들이 여전히 고민 중이다
사랑을 얻고 지키기 위해 우리는 무엇을 해야 하고
더 나은 삶을 위해 가야 할 그곳은 어디인가?
꿈이었던가?
사랑이었던가?

구름은 물속에서 흐르고
물은 하늘에서 흐르는 착각 속에서
세월이 흐르고 세상도 바뀌고
흘러가는 시간을 따라가지 못하니
꿈도 사랑도 도무지 어찌해야 할까?

자아가 소리친다
나를 버티게 한 희망의 습지를 찾아가라고
어느 날 그 희망을
내가 진실로 사랑했던 사람과
나눌 수 있으리라는 곳을

인연의 그림자

하나를 얻으면 하나를 잃는 게
세상의 이치라고 들은 것 같은데
하나가 하나를 만나서
또 다른 하나가 되어가는 여정도 있답니다

수많은 어려움이 있을지라도
가슴에 품고 있던 순수함을 가진 채
한 발, 한 걸음으로 징검다리를 건너듯
하루하루를 조심스레 걸어간다

수줍은 미소를 던지는 가을 햇살
그 순간 내 살갗을 가릴 겨를도 없이
내 영혼에 뭔가 쌓여만 가는 것처럼
말 못 할 그리움 하나쯤은 가슴에 묻고

인연이란 꽃을 피워보고 싶은 욕망이 있어
비워진 나의 작은 속내를 끄집어내
새로운 인연의 그림자를 찾는 여정 속에서
나를 더 안전하게 지켜줄 것 같은 그림자

그림자와 나와 셋이 되었네

제 3 부

동화같은 사랑

사랑하다

다른 곳에 살지만 같은 곳을 바라보며
다른 일을 하지만 같은 일을 하기도 하고
둘만의 공간에서 가볍게 입맞춤을 나누면
지친 몸에서 에너지가 솟아납니다

서로서로 비타민이 되어
뜨거운 계절의 햇볕을 쬐어도
즐겁고 가볍고 따뜻하기만 한
연리지의 사랑 공식처럼
둘만의 몸짓으로 하나가 되어갑니다

내가 좋아하는 정환이 형
내가 좋아하는 동생 수영이
정말 좋아하는 두 사람은
진정한 사랑을 하는 것이 분명합니다

별은 사랑과 이별을 남긴다

그 사람에게 이별 통보를 한 적 있나요?
그대는 이별 통보를 받은 적 있나요?
별이 지면 다시는 그 사람을
만나지 않겠다는 이별 여행

우리는 언제나 별을 가슴에 두고 있지요
그것은 기쁜 일이며 동시에 슬픈 일입니다
별을 보며 그토록 찾아 헤맨 사랑을
별이 사라지면 아파해야 할 이별을
우리는 준비하고 있었던 것입니다

나의 가슴에 품었던 그 사람의 별을 꺼내고
그 사람의 가슴에 품었던 나의 별을 꺼내어
그렇게 서로의 이별 여행을 하나 봅니다
힘들고 아픈 마음의 슬픔이
아주, 잠시였으면 좋겠습니다

내가 아프고 그 친구도 아픈 이별 여행
혼자 여행으로 남겨져 힘이 들지만
그것이 우리의 마지막 별이 아니기에
다른 별을 품을 수 있는 여행이었기에
다시 여행을 떠날 수 있다는 거죠

봄날은 간다

한사람이 다른 사람을
가슴에 품고 알아가는 설렘
모든 이가
첫사랑과 마지막 사랑을 한다

하지만 처음에 사랑한 사람이
마지막으로 사랑한
사람이 아닐 수도 있다

이별도 겪으면서
누군가 그러더군요

'사랑은 죽을 때까지
우리 삶의 주제이며
평생 안고 가는 과제'라고

봄날이 가듯
사랑도 끝없이 변한다고!

봄비와 꿈과 커피

깊은 단잠에 자장가의 속삭임은
두둑 소리에 천둥과 번개를 불러낸다

몸을 뒤척이며 바라본 순간이
시간을 메워버린 채 떨어지는 비의 아우성으로
사람들의 영혼은 구름 속으로 들어가 버리고

보이는 것은 가로등 사이로 날리는 음표들과
'지혜로 하늘을 지으신 이에게 감사하라
그 인자하심이 영원함이로다'라는 성경 구절

이 밤 이미 가진 것에 대한 감사함에 만족할
그 간절함을 애절한 허공에 흩어놓은 채
내 주머니에 지혜가 없어 꿈을 꾸었으리라

따뜻한 커피 한 잔을 목구멍으로 넘기며
그 향기를 췌장까지 느끼게 되고
봄비는 냉랭한 매력으로 봄밤을 읽어내려 든다

꿈을 이루는 봄바람

"손이 시려워 꽁 발이 시려워 꽁"

그 겨울바람 때문에
산의 나무들은 잠을 잔다
나뭇잎을 떨구며
슬픔과 아픔을 잊고
겨울바람으로 길고 긴 꿈을 꾼다

"솔솔 부는 봄바람 쌓인 눈 녹이고"

그 봄바람 때문에
산의 나무들은 잠을 깬다
땅속에 흐르는 물을 마시고
꿈꾸던 꿈을 이루라고
봄바람이 살랑살랑 나무를 흔든다

그대들의 잠자던 꿈
이 봄바람이 이루어 주리다

* * * * *
동요 : 봄바람과 겨울바람 가사 인용

나는 봄에 서 있다

봄바람이 얼굴에 부딪히는 순간
코끝으로 전해지는 청춘의 향기
지난가을에 이루지 못한
그 사랑을 이루는 봄의 향기
품에 안을 수도 없을 사랑이라도
봄을 느끼고 사랑을 알게 되는 날

다시 피는 꽃들의 이름이
입속으로 들어가 가슴에 채워져
지난겨울에 이루지 못한
그 꿈을 이루는 봄의 향기
거대하고 화려한 꿈이 아니라도
봄을 느끼고 꿈을 알게 되는 날

아직도 꽃 피울 사랑과 꿈이 있기에
아직도 수없이 반복될 계절이 있기에
마치, 받은 선물의 포장지를 뜯는 것처럼
설레고 기대되는 절대 순수의 풋풋함
여전히 오십 두 번째의
봄 향기 가득한 거리에 서 있다

풋풋한 봄 거리

뼈 시린 지난 한겨울에 사람들은 추우면
옷을 겹겹이 입었었지
하지만 저 매화나무는 벌거숭이였었어
그리고 봄

가을에 이루지 못한 사랑을 이루는 봄
겨울에 이루지 못한 꿈을 이루는 봄
심장이 쿵쿵 뛰었다
그토록 찾아 헤맨 사랑이 바로 내 앞에 있다
이건 무슨 기분일까 안고 싶다
두 팔을 벌려 내 품에 꽉 안고 싶다

매화나무에 달린 수만 개의 사랑
나의 사랑에 보답하는 너의 향기
행복이 가득한 하룻밤을 더해
서툴고 부드러운 입맞춤 한 번

이대로 시간이 멈춘다면 얼마나 좋을까?
밤하늘의 별들도 우리의 사랑을 시샘한다
이 계절이 지나간다 해도
난 너를 잊지 않아 내 가슴에 널 담았다

****
매화는 극한 고통과 차가움이 없으면 향기를 내지 못한다.

달맞이꽃

황금 달과 별이 빛나는 밤하늘 향해
달의 여신을 깨우는 너의 눈빛과 손짓
달을 바라보며 마법을 재촉해
너의 몸을 꽃 피우게 하는구나!

해가 사랑을 주어도 달의 사랑 없이는
꽃을 피우지 못하는 너
달빛 금빛 옷을 입고
달을 품어 고개를 드는 월견초

아 이 가을날
단 한 번의 사랑!

동화 같은 사랑

그대는 정말 매혹적이에요
그래서 푹 빠지고 말았죠
이곳에 사는 사람들
그대를 알아보지 못해요
그대는 모든 것을 떠나왔죠
그대는 강인한 사람이에요

내가 누구며 그대가 누구인지
내가 그대를 알아야 하는지
그대가 나를 알아야 하는지
내 인생에서 그대가 중요한지
그대 인생에서 내가 중요한지
서로 중요한 것을 잃은 우리

서로가 바라는 사랑 미소 행복
잃어 가고 있는 것을 아나요?
그대가 다시 나를 찾을 날
내가 다시 그대를 찾을 날
언젠가 그날이 오겠지요?
거리를 돌면서 해매다 보면

우리 사랑도 동화처럼
단순하면 좋겠습니다

행복

새벽 미명처럼 다가오는 상쾌한 공기
조용하고 고즈넉한 낮은 산자락의 이곳
잔바람에 쉴 새 없이 흔들리는 나무들
문득 스쳐 지나가는 생각이 뇌리에 박힌다

불어오는 바람 때문에 나무가 행복할까?
그대 행복에 내가 있을까?
나의 행복 속에 그대가 있을까?
약간의 슬픔, 약간의 기쁨. 행복의 재료란
이런 것들

우리의 기억에 슬픔과 기쁨이 넘치는 이유가
그대 행복 속에 내가 있고
나의 행복 속에 그대가 있어

나의 꿈이 그대이듯
그대의 꿈도 나이기 때문이야
품에 안을 수도 없을 만큼
우리는 지금 행복에 살고 있어

우리는 행복한 일을 하고 있고
그대와 나에게 아주 좋아
나와 그대가 어떤 모습이 될지 알 수 없지만,
서로가 그것을 즐길 것이고 그걸 받아들여야 해

세상에 당연한 행복은 없는 거야
세상은 내가 보는 그대로야!

사랑이 필요한 이유

아침에 눈 떴을 때
그대가 내 옆에 잠들어 있다면
얼마나 좋을까?
시를 한 편 퇴고했을 때의 행복일 것이다

눈 부신 햇살 좋은 날
그대와 단둘이 거닐 수 있다면
얼마나 좋을까?
소풍을 앞둔 소년보다 더 설렐 것이다

따뜻한 그대 품에 안겨 잠들 수 있다면
얼마나 좋을까?
아기처럼 곤한 잠을 자게 될 것이다

별이 빛나는 밤
그대와 단둘이 별을 헤아릴 수 있다면
얼마나 좋을까?
어린 왕자보다 더 신날 것이다

이것은 내가 맛볼 꿈
사랑
사랑
사랑이 필요한 이유가 여기에 있으니
그러니까 제발 나를 도와줘

사랑하고 싶었습니다

사랑의 눈길로 날 바라보던 그대여
그대를 만나고 싶어서
사랑한다는 말을
몇 번을 나의 입에 담았을까?

하지만 슬프고 두렵다
또다시 실패하고
또다시 슬퍼하고
또다시 힘들어할 날이 올까 봐

사랑하고 싶었습니다
지나가는 바람처럼 쉽게 변하지 않는 사랑
그런 사랑을 하고 싶었습니다
그런 사랑을 느끼고 싶었습니다

생각보다 많이

기억이 지워져 버린 그 날도
알고 있었을 것입니다
당신을 위해 숨 쉬고 있었다는
사실을

기억할 수 있는 이 순간에도
알고 있을 것입니다
당신의 사랑이 얼마나 크다는
사실을

기억할 수 없는 먼 훗날에도
분명 알고 있을 것입니다
당신이 그 사람의 별이라는
사실을

당신의 사랑을
그날과 이 순간, 그리고 먼 훗날
기억하고 있을 것입니다
당신의 생각보다는 더 많이

이별이 오기 전에

서로 사랑하는 연인이나
언제나 영원할 것 같던 친구들
사랑으로 보살펴 주신 부모님
사랑으로 맺어진 남편과 아내

누군가를 꼭 닮은 아들과 딸
모두가 삶의 소중한 인연이다
그 소중한 인연의 누구와도
뜻하지 않는 이별을 경험한다

헤어져 멀리 떠나버린 이별
세상을 떠나 하늘로 간 이별
그 슬픔의 이별들이 그리운 날

이별이 오기 전 시간으로 거슬러
시곗바늘을 거꾸로 돌려놓는다

이별이 오기 전에 마주 바라보며
이별하는 미래는 바꿀 수 없으나
말하지 못한 것을 들려주고 싶다
많이 슬퍼하지 않을 지금을 위해

정情

아름다운 바닷가 해변에 서 있습니다
앞을 보면 달빛을 받은 은빛 파도의 물결
돌아서면 달빛 조명을 받은 소나무 가지
해풍에 미친 듯이 춤을 춥니다

반백 년 살아온 시간을 반추하며
모든 기억을 일렁이는 파도에 꺼냈습니다
무엇을 담아야 하고
무엇을 흘려 버려야 하나
그 어느 것 하나하나 정이 묻어있었습니다

기억들이 파도에 밀려 모래 위에 쌓이고
나는 주저앉아 모래를 움켜쥐며
슬픈 기억으로 울다가 기쁜 기억으로 웃다가
정이 그리운 미친 사람이 되었습니다

나에게 행복이 뭐냐고 물으면
기꺼이 눈물을 흘리며 답 하겠습니다
기꺼이 미소를 담으며 답 하겠습니다
눈물 속에 미소가 담긴 정情이라 답 하겠습니다

정거장

끝이 보이지 않는 직선의 레일
칸칸이 내일의 웃음을 실은
쉴 새 없이 힘차게 달리는 기차
정거장마다 행복을 내려놓고

친구여!
침묵의 어둠 아스라이 오면
기차 바퀴가 서서히 멈추듯이
너와 나 꿈꾸는 황홀한 미래를 위해
여유의 시간, 밤하늘의 별을 세어보고

꿈꾸는 무지개 밤이 물러나고
새벽 미명이 소리 없이 올 때
아침에 뜨는 거대한 별이
레일 위를 환하게 비출 것을 알기에

친구여!
우리 앞에 펼쳐진 안개처럼 자욱한
보이지 않는 수많은 길을 계속 걷다 보면
안락하고 감미로운 정거장이 보일 테니
우린 나란히 그 길을 계속 걸어야 해

너의 길을 계속 걸어라

해바라기

너 때문에 가을을 기다렸지
저 높은 하늘의
해만 바라보고 있구나

해를 향한 너의 사랑
가득 차 있는 걸 알아
그런 너의 모습에 반해
애타는 나의 사모곡

나의 마음은 가슴 뜨락 아린
너 바라기
너는 여전히 나를 보지 않는
해 바라기

해코스타

가을 해바라기는 고개를 숙이고
가을바람에 코스모스는 더 수줍어하고
밤이 오면 별빛은 깊어지네

해바라기의 꽃씨
코스모스의 꽃술 인사
별은 가을빛에 흥에 겨워

내 길을 빛내줄 그대들은
나의 해코스타

기억할 것은

어둠이 내리면 널브러진 패배의 조각들
생에 있어 한 조각 더 없다고 뭐 그리 대수겠냐
내게 혹은 너에게 힘들었어도
그렇지 않았다 해도

삶에 지우지도 지울 수도 없는 흔적들
우리는 승리를 통해 성장하기도 하지만
패배를 통해 지혜를 배운다는 것을 기억해

구겨진 종이가 멀리 가듯이
패배한 자들에게 늘 달콤한 사랑으로 유혹하여
아픔을 저장하는 매개체였다는 것을 알게 되었으니

누구에게나 마음의 그늘 조각은 있기 마련이야
그리고 패배를 해봐야 승리의 참맛을 알게 돼
누구나 패배는 겪게 돼 있어

다만 습관이 되어선 안 될 뿐이야

슬픔이 그대 곁에 머문다면

햇살처럼 일어선 그대는
먼지처럼 왔다가 사그라지겠죠

비처럼 내려 내 몸을 흠뻑 적시고는
곱게 개어둔 물감을 붓끝으로 채색한 그대는
온전히 하얗게도 온전히 검게도 될 수 있는
두 마음이어서 불안을 느끼고 사는가 보군요

오늘 밤만큼은 그대 곁에 머물고 싶소만
아궁이에 불쏘시개 운명일까 두렵답니다

따뜻한 커피와 함께 하는 그대는
이 저녁을 끝으로 슬픔을 남겨놓은 그 자리에
다시 돌아올 수 있을지 그것 또한 알 수 없지만
너무 걱정하지 마세요

잠시 머물다 돌아갈 곳에서
슬픈 음악은 당신만을 위해 들려줄 것이며
내일이면 그대는 다른 사랑을 할 테니

작은 기다림

사랑이라는
단어가 참 이상하게도
함께 시작한 사랑 여행이
마지막에는 어떤 이유로
혼자 사랑으로
가슴앓이할 때가 힘이 들지만
끝이 아닌 여행이었기에
다시 떠날 수 있다는 거죠
바라는 맘 없이
있는 그대로를 받아주는
사랑이 숨 쉴 수 있는
그런 사람 만났으면 좋겠습니다

제4부

시를 쓴다는 건

글 중독자

중독이라는 단어
모두가 알고 있을 것이다

그런 느낌을 알 수 있을 것 같아
쾌락이 아닐까?

시를 쓰는
시인만이 알고 있는 시적 고통에는 쾌락이 있다

글을 쓰는 일에 빠지고 몰두하고
자신만의 최고의 단어와 아름다운 문장

자아 도취하여 그것을 즐기는 일
글로 잘 노는 성인이라 말할 수 있을 것이다

글

나무를 바라보고
풍경을 바라보고
사람을 바라보고
순간순간의 느낌

글을 쓰다 보면
자연의 마음을 알 수 있어
사람의 마음도 알 수 있어
그 순간의 내 마음도 느낄 수 있지
다른 사람들은 어떻게 느끼고 있는지 궁금함보다
내가 어떻게 느끼고 있는지가 중요하니까

글을 쓰다 보면
그 순간의 나를 더 알게 돼
최대한의 감성과 이상적인 감정으로
나를 바라보게 돼
그래서 나는 글을 쓰지

시를 쓴다는 건

시는
고독과 방황의 단어
외로움과 그리움이다

시는
슬픔과 눈물이다
시린 한겨울이다

시는 이야기야
이야기가 안 되면
시가 아닌 거야

나에게 시는
축복과 같은 기쁨이며
행복한 비타민이다

시를 쓴다는 건
내가 살아가는
또 하나의 이유이다

한용운 연가

임은 내 안에 있습니다
사랑하는 나의 임은 내 심상에 살아있습니다

당신의 애절한 시의 노래를 내 가슴에 담고
당신이 겪은 이별의 슬픔을 내 눈물에 담고
당신이 품은 민족의 울음을 내 심장에 담겠습니다

당신이 그랬던 것처럼 내 가슴이 찢기더라도
당신의 뜨거운 고뇌의 열정 담아
내 눈물을 흐르게 하여
내 안에 살아있는 당신을 영원히 기억할 것입니다

청명한 가을하늘과 강산에 당신이 남겨놓은 시가
내 가슴에 가득 차 눈물이 되고
임 향한 사랑은 이룰 수 없는 꽃무릇 같습니다

임은 내 안에 있습니다
아아, 사랑하는 나의 임은 내 심상에 살아있습니다

꿈은 법칙이 없다

스무 계단 다섯 번 그리고
마지막 아홉 계단에 발을 올렸다
초대받지 않은 이방인의 방문을
환한 미소로 맞아주는 명선교의 솟대

나를 버티게 하는
꿈과 희망의 길을 비춰 주고자
이곳으로 부른 것이 아닐까?
언제나 그 희망 그리고 꿈

차가운 바람의 겨울 해변을 걷다가
명선도의 기운이 나에게 손짓을 한다
나의 마음 오장육부에 가득한 걱정 근심
슬픔을 알고 있노라 말한다

소스라치는 전율과 함께
항거할 수 없는 기운이 나를 마비시키고
섬의 일부가 되어 생각한다
자연은 법칙이 없다 그냥 그렇게 움직인다

겨울이 추운가요? 추위도 움직여야죠
여름이 더운가요? 더위도 움직여야죠

움직이지 않으면 아무 일도 일어나지 않아요
움직이지 않으면 바람도 불지 않아요

꿈도 마찬가지예요
꿈꾸지 않으면 아무 희망도 생기지 않아요
땅에서도 바다에서도 꿈꾸며 계속 전진하세요

*****
울산 명소에 관한 시

두 개의 태양과 두 개의 달

많지도 적지도 않은 비가 도로를 적시고
하늘에는 잿빛 구름이 흐르고 있어

며칠이 지나면
올해의 마지막 달력 한 장을 남기고

겨울이 다가온 이 계절의 바람은
봄처럼 따뜻하게 불어오네

라디오에선 잊혀진 노래가 흘러나오고
오랜 친구와 제주도 해안도로를 달려

차창 너머로 수위가 높은 파도가
나를 짓누르며 삼켜버릴 것만 같네

외로운 감정에 맞서는 나의 가을을
아름다운 섬에서 머무를 수 있고

하루하루를 조심스레 노를 저어
끝없이 펼쳐진 파도의 꿈을 바라보며

우리가 넘어야 할 산이 크든 작든
지금은 제주도 성산 일출봉을 올라

너는 너의 태양을 나는 나의 태양을
나는 나의 달을 너는 너의 달을

두 개의 태양과 두 개의 달을 보며
먼 훗날 추억의 재료를 기억하고

저무는 하루에 만 개의 꿈을 꾸며
평안하여라 나의 오랜 친구여

수줍은 고백

그녀가 노래하고 있는 곳
그곳을 찾아 갈매기와 하늘을 날고
해안도로를 따라 차 속도를 높이며

달리면 달릴수록
나의 문제들은 멀어져 가고
자연의 느림을 눈으로 느낀다

파도 소리가 사방에서 들려오는 바다
바다는 물이 아니라
그녀의 태양을 품은 빛의 공간

구름은 바다에서 흐르고
물고기는 하늘에서 살아가네

바람이 따뜻하게 부는 어느 날
하늘 위에도 바닷속에도 섬에도
빛으로 가득한 희망의 탐험

온몸의 혈관을 타고
심장이 쿵쿵 뛰게 하는 전율
수취인 불명의 섬 아가씨

수줍은 고백의 핑크빛 잉크
하늘에 날려 바람으로 내 마음 알리고
바다에 뿌려 그녀에게 스며들게 하소서

제주도 갈매기의 미소

파도와 어둠이 밀려오는 해변
갈매기 한 마리 내 옆에 날아 앉아
멋쩍은 만남의 시작

우리는 그렇게 서로를 쳐다보며
말도 소리도 필요 없는 무언 유언
교감으로 둘만의 시간을 보내며

한 남자
한 마리의 갈매기
둘만의 비밀스러운 기억을 더듬고

크리스마스트리 같이 반짝이듯
달빛을 받은 찬란한 바다를 보며
서로의 꿈과 바람을 털어놓다가

끼르륵 끼르륵 웃음소리
저 파도에 내리꽂히는 달빛보다
너의 미소가 더 감미롭구나

추억은 산이 되고 강이 되고 바다가 되어

아무도 없는 나무 사이를 걷다가 알았다
아무도 없는 강가를 흐르다가 알았다
그토록 흐르고 걸었건만 우리는 변한 게 없었다

나는 어떻게 걸어왔고 그대는 어떻게 걷고 있으며
또 우리는 어디로 흘러가야 하는가?
수많은 파도에 몸을 맡기니 알게 되었다

그대와 나 사이에 산이 같이 걸어 주었고
강이 같이 흘러가 주었고 파도가 밀려와 주었건만
우리가 함께 나누었던 소중하고 아름다운 추억들을
전부 잊어버릴 이별을 남기게 됨을

세상을 알게 되는 날
그대와 걸었던 발자취 바람이 덮어 주겠지!
그대와 나누었던 단어들 지우개가 지워주겠지
내 심장엔 날개가 있어!

평범한 것에 감사

인생에는 맑은 날만 있지 않고
바람 불고 비 오는 궂은날도 있습니다.
어두운 벼랑 끝에서 헤매고 있는 나 자신조차도
어떻게 살아가야 할지 짐작되지 않았습니다
그런 당신이 날 꼭 껴안아 주고 있었습니다
그 품 안에서 나는 자유로움을 느꼈습니다

흔들리던 마음을 이렇게라도
당신을 붙잡을 수 있다니 다행한 일이랍니다
가을밤 홀로 외로워하고 있을 때도
삶의 슬픔 속에 아파하고 있을 때도
당신은 내게 살아갈 빛을 줬으니까요
더없는 평화와 기쁨이 가득 찼습니다

우리는 땅에서 하늘을 사는 사람입니다
하늘 위 축복을 곁들여
사소하고도 평범한 것에 감사하며
언제나 우리의 눈은 하늘을 향해 있어야 합니다
항상 그렇게 살고 싶고
모두 그렇게 살았으면 좋겠어요

어차피 삶이란
그분께 맡겨 근심할 일 아무것도 없지 않은가?
나그네로 머물다 가는 동안 한 번 더 웃고
아낌없이 쏟아 내시는 주님의 사랑과 함께
언제나 행복하기를

평화 자유 유산

꿈을 이루어 간다면
지금보다 조금 더 늙어 가지만
이후에 조금 더 현명해지겠지

어두움 속에서
그대는 더 빛나리라
깨닫지 못한 우리의 순수한 영혼

어두움이 있기에 빛이 있는 이유는
인류의 모든 것은 공존하기 때문
전쟁 속에 평화의 씨앗이 돋아난다

누구를 위한 전쟁이고
어떤 나라를 위한 전쟁인가?

우리가 하늘을 향해
자유와 평화의 만세를 부르는 이유가
지구가 아닌 우주를 품고 있는 것이라

지구는 나와 그대의 발아래 있으니
땅이 무엇이 중요한가?
제발 우리 세대의 마침표이기를

지금도 누군가는
희망의 사과나무를 심고 있기에
태양을 보고 달을 보며 숨을 쉬니

그대의 평화와 나의 자유
그것이 이 땅의 유일하고 위대한 유산이리라
그것이 우리의 숙제이고 위대한 소명이리라

산고의 고통

따뜻한 봄날에
외로움으로 그리움으로
홀로 산과 들을 거닐고
뒷동산 올라가
작은 기다림으로
서쪽 하늘 바라보며
나만의 색을 찾아본다

시리도록 차가운 겨울날에
맑은 강물 흐르는 곳에서
칼바람을 맞으며
사색이라 하는 것들
오감이라 하는 것들
모두 끌어 올려
나만의 색을 찾아본다

내 삶의 멜로디가
음악이 되고 노래가 되어
보고 느낀 모든 것을
가슴속의 서랍에 담아
다시 글에 진심을 담는다

친구의 선물

조수간만이 하루 두 번
사리물때 시간에 마쳐
낚시꾼들이 배에 오르고

저 멀리 수평선 위로
미소 지으며 떠오르는 붉은 태양
갯바위마다 설렘 가득 미소 짓는 얼굴

섬마을 친구 망태기에 선물을 잡아
육지의 벗을 불러 향기로운 섬에서
웃음을 나누고 인생을 나누네

우리 웃음은 섬을 진동시켰고
우리 밤은 화려하고 요란했어
섬과 바다에 소방차가 필요하다네

평안의 자유

미국처럼 대영토를 가졌다면
소련처럼 다민족을 가졌다면
나라를 둘로 갈라놓는 것을 보고 있었겠나

미국이 공산국가였다면
소련이 자유국가였다면
갈라진 이 땅 우리들의 자유 느끼고 있었겠나

삼팔선 북쪽에 살았다면
평화가 무엇인가, 자유가 무엇인가?
그것을 알기도 전에 죽어가는 길을 걸었을 것이다

삼팔선 남쪽에 우리는
희망없이 사는 법을 배우지 못했기에
평화와 자유 속에 죽어가니 두려워하지 마라
바람 속에 살아도 평안하라

다시 겨울 그리고 승리자

하얀 눈꽃 가루 내리면
땅도 움츠려 동면에 들어가고
그대가 이겨야 할 강인한 계절

때로는 춥고 때로는 힘들지만
너를 낳아준 어머니를 기억하고
너를 지켜주는 신을 기억하고

다음 걸음을 내딛는 것이 도전이요
그대의 도전이 위대하지 않더라도
세상 위에 우뚝 일어서 걸어라

그대가 어떤 도전을 하든지
푸른 바람 속에 자유를 누리는
봄의 안식과 면류관을 쓰리라

너의 신이 심장이 되어 줄 것이며
모든 것이 순리대로 풀리리라
세상 위에 우뚝 일어서 걸어라

열쇠전망대

고개 들어 하늘을 보았습니다
파란 하늘에 구름
망원경에 보여준 십 리 앞

내 머리 위 같은 구름 아래
북한군인 능선을 넘고 넘으며

아리랑 아리랑 아라리요
아리랑 고개로 넘어간다
노래 부르며 넘어갑니다

이곳을 보며 흘리는 당신들의 눈물
그곳을 보며 흘리는 우리들의 눈물

저기 있을 사람 저곳에서 살고
여기 있을 사람 이곳에서 살면
언젠가는 같은 곳에서 살겠지요

이곳도 그곳도 침묵하고
잠재된 욕망은 하나

같은 곳에서 아리랑 노래 부르며
기쁨의 눈물 흘리는 그 날까지
죽어가도 살아서 그 길을 계속 걸어야 합니다

보라! 임진강 센 물결

흐르는 것이 임진강 물결뿐이겠는가
고구려 백제 신라의 숨결 살아 흐르고
고요한 아침의 나라 맑은 정기 흘러

왜정시대 빼앗긴 삼십오 년의 한 맺힌 울음
죽음도 두렵지 않은 백의민족 독립의 외침
소쩍새 초연하게 울었던 암울한 기억 잊고

고귀한 목숨 바쳐 독립을 이룬 값진 이 땅
민족 정체성이 달라 삼 년 사십일의 피 흘림
짝 잃은 뻐꾸기 홀로 울었던 슬픈 기억 잊으며

이산 저산에서 흘린 남북의 아픔
임진강에 발 담궈 치유와 회복 기쁨의 물결이 되고
슬픈 흔적들은 기억하되 흐르는 물결에 흘려보내

민족의 염원인 통일을 이루는 길을 찾아
흘러온 세월 속에 남쪽은 북으로 북쪽은 남으로
같은 강을 바라보며 새로운 무기를 장착함이여

갈등의 무기 내려놓고 용서와 이해의 무기를 들어
상처받은 마음 유구한 역사의 물줄기로 아우르고
한반도의 미래 찬란하게 빛낼
축제의 물결로 흘러가리

인류의 역사

자유를 되찾으려 하는 전쟁인가?
나라를 빼앗으려 하는 전쟁인가?
그 어떤 전쟁도 죽음을 남긴다
인성도 없고 인권도 없다
무기가 사람을 포식한다

소나기 같은 총알 속에 절규하는 죽음
러시아 우크라이나의 비둘기들도
인간들의 무서운 전쟁을 자각하고
낮에는 핏빛으로 날개를 바꾸고
밤에는 두려움으로 넋을 잃는다

외계인과 벌이는 전쟁도 아닌데
전부를 잃어버리려 하는 것인가?
전쟁은 우리 기억에서 지워야 한다
기억할 것은 자유와 평화뿐이다
그것이 인류가 꿈꾸는 역사이다

꿈꾸는 역사

자유를 되찾으려 하는 전쟁인가?
나라를 빼앗으려 하는 전쟁인가?
그 어떤 전쟁도 죽음을 남긴다
인성도 없고 인권도 없다
무기가 사람을 포식한다

소나기 같은 총알 속에 절규하는 죽음
러시아 우크라이나의 비둘기들도
인간들의 무서운 전쟁을 자각하고
낮에는 핏빛으로 날개를 바꾸고
밤에는 두려움으로 넋을 잃는다

외계인과 벌이는 전쟁도 아닌데
전부를 잃어버리려 하는 것인가?
전쟁은 우리 기억에서 지워야 한다
기억할 것은 자유와 평화뿐이다
그것이 인류가 꿈꾸는 역사이다

샘문시선 1058

샘문뉴스 신춘문예 수상 기념시집

내 친구 김경택

강성화 제3시집

발행일 _ 2024년 11월 10일
발행인 _ 이정록
발행처 _ 도서출판샘문
저　자 _ 강성화
감　수 _ 이정록
기　획 _ 박훈식
편집디자인 _ 신순옥, 한가을
인　쇄 _ 도서출판샘문
주　소 _ 서울특별시 중랑구 동일로 101길 56, 3층(면목동, 삼포빌딩)
전화번호 _ 02-491-0060 / 02-491-0096
팩스번호 _ 02-491-0040
이메일 _ rok9539@daum.net / saemteonews@naver.com
홈페이지 _ www.saemmoon.co.kr (사단법인 문학그룹샘문)
　　　　　 www.saemmoonnews.co.kr (샘문뉴스)
출판사등록 _ 제2019-26호
사업자등록증 등록 _ 113-82-76122(사단법인 도서출판샘문)
　　　　　　　　　 677-82-00408(사단법인 문학그룹샘문)
　　　　　　　　　 104-82-66182(사단법인 샘문학)
　　　　　　　　　 501-82-70801(사단법인 샘문뉴스)
　　　　　　　　　 116-81-94326(주식회사 한국문학)
샘문사이버교육원 (온라인 원격)-교육부인가 공식교육기관 _ 제320193122호
샘문평생교육원 (오프라인)-교육부인가 공식교육기관 _ 제320203133호
샘문뉴스 등록번호 _ 서울, 아52256
ISBN _ 979-11-94325-88-8

본 시집의 구성은 작가의 의도에 따랐습니다.
이 책의 저작권은 저자와 도서출판 샘문에 있습니다.
무단 전재 및 표절, 복제를 금합니다.

파손된 책은 구입처에서 교환해 드립니다.
본지는 한국간행물 윤리위원회 윤리강령 및 실천요강을 준수합니다.

문집 출간 안내

도서출판 샘문 에서는

베스트셀러 명품브랜드 〈샘문시선〉에서는 각종 시집, 시조집, 수필집, 동시집, 동화집, 소설집, 평론집, 칼럼집, 꽁트집, 수상록, 시화집, 도록, 이론서, 자서전 등 문집을 만들어 드립니다.
도서출판 샘문에서는 저자님의 소중한 작품집이 많은 독자님들에게 노출되고 검색되고 구매하여 읽히고 감상할 수 있도록 그 전 과정을 기획, 교정, 교열, 퇴고, 윤문(첨삭,감수), 디자인, 편집, 인쇄, 제본, 서점 등록(납품,유통), 언론홍보, SNS홍보 등, 출판부터 발매 까지의 전략을 함께해 드립니다.

📖 출판정보

샘문시선은 도서출판비를 30% 인하 하였습니다. 국제원자재값 폭등으로 인하여 문집 원자재인 종이값 등이 3번에 걸쳐 43% 상승하였으나 이를 반영하지 않았습니다.

📢 저자가 필요한 수량만큼 드리고 나머지는 서점 유통

📢 시집 표지는 최고급으로 제작함 – 500부 이상

📢 제목은 저자 요청시 금박, 은박, 에폭시로도 제작함

📢 면지는 앞뒤 4장, 또는 칼라 첨지로 구성해드림

📢 본문은 100g 미색 최고급지 사용함(눈 보안용지, 탈색방지)

📢 본문 200페이지 이상은 80g 사용

📢 저서봉투 – 고급봉투 인쇄 무료 제공

📢 출간된 책 광고(본 협회 =〉 홈페이지, 샘문뉴스, 내외뉴스, 페이스북 13개그룹(독자& 회원 10만명), 카페 3개, 블로그 2개, 카톡단톡방 12개, 유튜브, 카카오스토리, 인스타그램, 문예지 4개, 문학신문 등)

📢 견적 ▷ 인세 계약서 작성 ▷ 기획 ▷ 감수 ▷ 편집 ▷ 재감수 ▷ 재편집 ▷ 인쇄 ▷ 제본 ▷ 택배 ▷ 서점 13개업체 납품 ▷ 저자에게 납품 ▷ 유통 ▷ 홍보 ▷ 판매 ▷ 인세지급

📢 출판기념회는 저자 요청시 본사 문화센터(대강의실) 무료 대여 가능(70명 수용가능) 현수막, 배너, 무대 조명, 마이크, 음향, 디지털 빔, 노트북, 줌시스템, 모니터, 컴퓨터, 석수, 커피, 차, 무료 제공

📢 저자 요청시 저자의 작품 전국대회에서 수상한 시낭송가가 낭송하여 유튜브 동영상 제작 =〉 출판기념식 및 시담 라이브 방송

📢 저자 요청시 네이버 생방송 출판기념회 가능(유튜브 연동) – 네이버 라이브 커머스쇼

📢 뒷 표지에 QR코드 삽입가능 – 저자의 작품 시낭송 유튜브 동영상 등(요청시)

📢 교정, 교열, 감수, 윤필(첨삭감수), 평설, 서문 등(유명한 시인, 수필가, 소설가, 문학평론가, 항시 대기)

문집 출간 안내

📖 빅뉴스

이정록 시인의 〈산책로에서 만난 사랑〉이 네이버 선정 베스트셀러로 선정 된 이후 〈내가 꽃을 사랑하는 이유〉, 〈양눈박이 울프〉, 〈꽃이 바람에게〉, 〈바람의 애인, 꽃〉시집이 연속 교보문고 베스트셀러에 선정 되고 5권 전부 출간 순서대로 골든존에 등극하였다. 평생 한 번도 어렵다는 자리를 이정록 시인은 5년 동안 5번에 오르고 현재도 이번 2022년 5월경에 출간된 [바람의 애인, 꽃] 영문판과 [담양장날]이 출간을 기다리고 있다

〈서창원 시인, 2회〉, 〈강성화 시인〉, 〈박동희 시인〉, 〈김영운 시인〉, 〈남미숙 시인〉, 〈최성학 시인〉, 〈이수달 시인〉, 〈김춘자 시인〉, 〈이종식 시인〉 외 한용운문학상 수상 시인인 〈서창원 수필가〉, 〈정세일 시인〉, 〈김현미 시인〉가 올랐고, 2022년 올 봄에는 〈정완식 소설가〉『바람의 제국』이 소설집으로는 최초로 『네이버 선정 베스트셀러』 반열에 올랐고, 〈이동춘 시인〉에 『춘녀의 마법』 시집이 『네이버 선정 베스트셀러』 반열에 올랐다. 그리고 컨버전스공동시선집과 한용운공동 시선집도 간간히 베스트셀러를 하고 있는 〈베스트셀러 명품브랜드〉 『샘문시선』 이다

〈샘문시선〉은 〈베스트셀러_명품브랜드〉로서 고객님들의 〈평생가치를 지향〉하는 〈프리미엄 브랜드〉입니다. 고객이신 문인 및 독자 여러분, 단체, 기관, 학교, 기업, 기타 고객분들을 〈평생고객〉으로 모시겠습니다. 많은 사랑 부탁드립니다

📖 샘문특전

📣 교보문고, 영풍문고, 인터파크, 알라딘, 예스24시, 11번가, Gs Shop, 쿠팡, 위메프, G마켙, 옥션, 하프클럽, 샘문쇼핑몰, 네이버 책, 네이버쇼핑몰, 네이버 샘문스토어 등 주요 오프라인 서점, 온라인 서점, 오픈마켓 서점에서 공급 및 유통하고 있습니다.

📣 기획, 교정, 편집, 디자인에 최고의 시인 및 작가, 편집가, 디자이너, 평론가, 리라이팅(첨삭 감수) 및 감수 전문가들이 참여하여 감성, 심상이 살아 있는 시집, 수필집, 소설집, 등 각종 도서를 만들어 드립니다.

📣 인쇄, 제본, 용지를 품질 좋은 우수한 것만 사용합니다.

📣 당 출판사 〈한용운공동시선집〉, 〈컨버전스공동시선집〉과 〈한국문학공동시선집〉, 〈샘문시선집〉을 자사 신문인 〈샘문뉴스〉와 제휴 신문인(내외신문), 글로벌뉴스와 홈페이지(2군데), 샘문쇼핑몰, 네이버 샘문스토어, 페이스북, 밴드, 카페, 블로그를 합쳐서 10만명의 회원들이 활동하는 SNS 20개 그룹 공개 지면 및 공개 공간을 통해 홍보해 드립니다.

📣 당 출판사를 통해 국립중앙도서관 및 국회도서관 및 전국 도서관에 납본하여 영구적으로 보존해 드립니다.

📣 당 문학그룹 연회비 납부 회원은 30만원 상당에 〈표지용 작품〉을 제공 받습니다.